AF242319

RÉPUBLIQUE FRANÇAISE

GOUVERNEMENT GÉNÉRAL DE L'ALGÉRIE

INSTRUCTION PUBLIQUE

SITUATION DE L'ENSEIGNEMENT

PENDANT L'ANNÉE SCOLAIRE 1907-1908

Rapport de M. le Recteur de l'Académie d'Alger

ALGER

IMPRIMERIE ADMINISTRATIVE VICTOR HEINTZ

17, Rue d'Isly et Place Bugeaud

1909

INSTRUCTION PUBLIQUE

SITUATION DE L'ENSEIGNEMENT

PENDANT L'ANNÉE SCOLAIRE 1907-1908

Rapport de M. le Recteur de l'Académie d'Alger

ALGER

IMPRIMERIE ADMINISTRATIVE VICTOR HEINTZ

17, Rue d'Isly et Place Bugeaud

1909

SITUATION DE L'ENSEIGNEMENT

PENDANT L'ANNÉE SCOLAIRE 1907-1908

Situation de l'enseignement en Algérie

PENDANT L'ANNÉE SCOLAIRE 1907-1908

I. — Enseignement supérieur

M. Hérail, professeur à l'école de médecine et de pharmacie avait été chargé par le conseil général des écoles d'enseignement supérieur de présenter, pour l'année scolaire 1907-1908, le rapport adressé chaque année à M. le ministre de l'Instruction publique.

Ce rapport adopté par le conseil général des écoles dans sa séance du 14 novembre 1908 fait connaître la situation détaillée de chacune des quatre écoles et nous croyons devoir en reproduire les parties les plus importantes :

....

« Pendant l'année scolaire 1907-1908, le mouvement universitaire n'a été ni moins actif, ni moins fécond que pendant les années précédentes.

A. — Enseignement

École de droit. — En exécution des décrets du 14 février et du 1er août 1905, concernant la réorganisation des études de capacité et de licence, trois cours nouveaux ont été créés : un cours de droit public, confié à M. Thomas, un cours de législation coloniale confié à M. Larcher et un second cours d'éléments de droit civil (capacité) confié à M. Alglave.

L'école a pu assurer ces nouveaux enseignements sans augmentation de personnel ; mais il en est résulté, pour les professeurs qui ont consenti à s'en charger, un surcroît de travail excessif. C'est ce qu'ont fort bien compris les membres de la commission d'enquête venus à Alger pour étudier la question de l'université algérienne ; aussi ont-ils décidé de demander à M. le ministre la création de deux nouveaux postes de chargés de cours et de désigner de préférence, pour les occuper, les agrégés des prochains concours.

M. Pellier a fait sur le droit public musulman une série de conférences qui ont été très appréciées.

Des conférences facultatives ont été faites par MM. Mallarmé et Rougier ; elles ont été suivies par 16 élèves, au lieu de 10 l'année précédente.

L'école a émis plusieurs vœux tendant à un remaniement des enseignements donnés en première année de législation algérienne.

Elle a d'abord demandé qu'en première année de législation algérienne, le cours d'éléments de droit civil et pénal ne fût plus qu'un cours d'éléments de droit civil et que les étudiants eussent alors à opter entre le cours de droit pénal de licence et le cours de procédure civile et de voies d'exécution.

Elle a demandé, en second lieu, que pour les étudiants de première année de législation algérienne l'enseignement de capacité fût substitué à celui de licence.

L'école a demandé enfin que les candidats au certificat de législation algérienne munis du nouveau certificat de capacité en droit, fussent dispensés de la première année de législation algérienne.

Ecole de médecine. — L'accroissement du nombre des étudiants en médecine, particulièrement marqué cette année, a obligé plusieurs professeurs à dédoubler les séances de travaux pratiques. L'outillage et la dimension des laboratoires n'étant plus suffisants pour réunir à la fois tous les élèves d'une même année. Les professeurs intéressés n'ont pas hésité à s'imposer le surcroît de travail nécessité par ces modification; ils ont été du reste fort bien secondés par leurs colaborateurs, chefs de travaux et préparateurs. Ce dédoublement a nécessité l'empiètement sur les matinées et il a fallu reporter le stage hospitalier au début de la deuxième année, comme cela se fait d'ailleurs dans la plupart des facultés de médecine et notamment à la faculté de médecine de Paris. Ce nouveau système a permis de faire bénéficier les étudiants de première année, pendant le semestre d'été, d'un enseignement propédeutique qui est fait, trois fois par semaine, à l'hôpital, par les chefs de clinique médicale, chirurgicale et des maladies des enfants sous la direction des professeurs de ces trois cliniques. Ces étudiants apprennent ainsi à examiner les malades, ce qui leur permet de commencer avec un réel profit leur stage effectif en deuxième année.

M. Wéber a demandé à faire pendant le semestre d'hiver, outre son cours d'anatomie pathologique, un cours d'embryologie destiné surtout aux étudiants en médecine de première année et aux candidats à la licence ès-sciences naturelles. Le conseil général des écoles a accepté avec empressement cette généreuse initiative dont les intéressés tireront certainement un très grand profit.

Ecole des sciences. — Aucune modification notable ne s'est produite dans le fonctionnement des différents services. Les laboratoires ont été largement ouverts, comme toujours d'ailleurs, aux personnes désireuses d'entreprendre ou de poursuivre des reches scientifiques.

Le laboratoire de chimie agricole, qui mérite évidemment une installation moins sommaire, a été fréquenté par plusieurs travailleurs désireux de faire des recherches sur l'analyse des vins, des minerais, des produits agricoles. M. Chouchak, étudiant de nationalité russe, qui s'occupe de recherches très importantes sur l'action des engrais et de la végétation sur les terres a gracieusement donné au laboratoire une serre d'expériences. Nous enregistrons avec reconnaissance cette généreuse libéralité.

Le laboratoire de botanique a facilité la préparation de plusieurs travaux de physiologie végétale, en vue de thèses de doctorat.

Le laboratoire de géologie a continué à recueillir les résultats des recherches effectuées par les collaborateurs du service géologique et à préparer de nouveaux géologues à l'accomplissement des études et des observations de géologie et d'hydrologie qui leur sont confiées.

Ecole des Lettres. — Il convient de signaler avant tout, pour cette école, la création d'une chaire d'histoire de la civilisation musulmane et d'histoire des arabes qui a été confiée à M. Doutté.

En outre des cours normaux, M. Foissy, professeur au lycée, a fait pendant cette année une conférence complémentaire d'allemand et de pédagogie appliquée à l'enseignement des langues vivantes. M. Boucher, également professeur au lycée, a fait une conférence de pédagogie.

B. — ÉTUDIANTS ET EXAMENS

Ecole de droit. — Pendant l'année scolaire 1907-1908, le nombre des étudiants inscrits a été de 295 et celui des inscriptions prises s'est élevé à 1.185, accusant sur l'année précédente une augmentation de 35 étudiants et de 127 inscriptions. Cette augmentation porte surtout sur le nombre des étudiants de législation algérienne, le nombre des étudiants de licence étant resté sensiblement stationnaire.

A ces 295 élèves ayant pris régulièrement des inscriptions, il convient d'ajouter 256 étudiants qui, pour diverses raisons, n'ont pu faire acte de scolarité, tout en appartenant à l'école, et 27 élèves de la médersa suivant les cours de droit français à l'usage des indigènes, soit un total de 578 étudiants, contre 518 en 1906-1907.

381 candidats ont subi des examens et 228, soit 59 %, ont été admis.

Les étudiants se sont fait inscrire en nombre

considérable pour prendre part aux concours de fin d'année. Mais les résultats n'ont pas été en rapport avec cet empressement, puisque sur dix concours ouverts, des premiers prix ont été attribués dans deux seulement. Cela tient uniquement à ce que l'école a cru devoir se montrer cette année particulièrement sévère dans le choix des sujets et dans l'appréciation des compositions, de façon à maintenir tout leur prestige aux récompenses qu'elle décerne.

Ecole de médecine. — Le nombre des étudiants régulièrement inscrits a été de 157, savoir : étudiants en médecine, 107 ; étudiants en pharmacie, 23 ; élèves sages-femmes, 27. En ajoutant deux étudiants étrangers ayant suivi les cours, mais n'ayant pas pris d'inscriptions, nous arrivons à un total de 159 étudiants.

Il a été pris 476 inscriptions, dont 388 par les étudiants en médecine et 88 par les étudiants en pharmacie.

En se reportant aux chiffres de l'année dernière, nous constatons une augmentation de 20 unités pour les étudiants en médecine et de 3 seulement pour les étudiants en pharmacie de 1re classe.

210 étudiants ont subi des examens au cours de cette année ; 155, soit un peu plus de 82 %, ont été admis.

Les concours de travaux pratiques ont été comme toujours assidûment fréquentés ; les concours de fin d'année ont été moins délaissés que par le passé.

Un étudiant en médecine, M. Aycard, a été admis, après concours à l'école du service de santé militaire de Lyon.

Ecole des sciences. — 28 étudiants, au lieu de 22 en 1906-1907, ont été inscrits cette année en vue de la préparation aux certificats de licence, 2 pour les sciences mathématiques, 9 pour les sciences physiques, 17 pour les sciences naturelles.

28 étudiants seulement ont été inscrits pour le certificat du P. C. N., alors que le chiffre de l'année précédente était de 41.

14 candidats, dont 7 jeunes filles, se sont fait inscrire pour la préparation au professorat des écoles normales et des écoles primaires supérieures.

Les cours publics de sciences appliquées à l'industrie, à l'agriculture, aux travaux publics et aux différentes branches des sciences naturelles intéressant l'Algérie, ont été fréquentés pas 187 auditeurs, chiffre sensiblement égal à celui de l'année précédente.

En totalisant le nombre des étudiants inscrits et des auditeurs, on voit que l'école des sciences a eu 257 étudiants ou auditeurs, ce qui la place dans un bon rang parmi les facultés de la métropole.

Parmi les candidats aux certificats de licence, 9 se sont présentés et ont été admis dans des conditions très satisfaisantes. A signaler le brillant succès de M. Musso, professeur suppléant à l'école de médecine, qui a été admis à la Sorbonne, au certificat de botanique, avec la mention très-bien et le n° 1 du classement sur 65 admis.

Pour le certificat du P. C. N., 30 candidats se sont présentés : 22 ont été admis, soit 70 %. La Ville d'Alger ayant accordé une subvention pour prix à décerner aux meilleurs étudiants de cet ordre d'enseignement, des médailles ont été accordées, après concours, à MM. Carret, Sénevet et Verne.

Le travail des candidats au professorat des écoles normales a été satisfaisant, mais aucun d'eux n'a été admis en raison de l'époque tardive (15 janvier) à laquelle les candidats boursiers ont pu seulement commencer à suivre les cours déjà très avancés.

Les résultats des examens du baccalauréat sont contenus dans le rapport de M. le Directeur; je me bornerai à faire les constatations suivantes :

Pour la série D, première partie (sciences-langues vivantes), la proportion des candidats admis à la session de juin a été de 37 %. Ce résultat est plus satisfaisant que celui de l'an dernier où la proportion des admis n'avait été que de 22 %.

Pour la deuxième partie (mathématique), la proportion des admissions a été plus satisfaisante, puisqu'elle a été, à la session d'octobre 1907, de 68 % et, à la session de juin 1908, de 56 %.

Ecole des lettres. — Les cours et conférences ont été fréquentés par 142 candidats, se répartissant ainsi: licence ès-lettres et certificats d'aptitude pour les langues vivantes, 50; diplôme d'arabe, 16; brevet d'arabe, 34; diplôme de dialectes berbères, 9; brevet de kabyle, 8; certificat de l'enseignement de l'arabe dans les lycées et collèges, 3; professorat des écoles normales primaires, 37.

Les chaires d'arabe d'Oran et de Constantine ont compté 33 auditeurs à Oran, et 17 à Constantine.

211 candidats se sont faits inscrire pour la préparation, par correspondance, aux différents examens; parmi ces candidats 6 sont inscrits pour le diplôme supérieur d'études historiques, et 4 pour le diplôme supérieur de langue et de littératures arabes.

Les cours publics ont été fréquentés par un nombre d'auditeurs qui dépasse celui des deux années précédentes: 288, contre 223 en 1905-1906 et 237 en 1906-1907.

En totalisant le nombre des étudiants inscrits et des auditeurs libres, on obtient le chiffre respectable de 681 étudiants ou auditeurs.

Un élève préparé par l'école a été reçu à la licence d'histoire à la Faculté des lettres de Montpellier.

Deux candidats ont été reçus au certificat d'aptitude à l'enseignement de l'arabe dans les lycées et sur trois candidats présentés au professorat des Ecoles normales primaires et préparés par l'Ecole, deux ont été admissibles et un reçu .

Voici sommairement résumés les résultats des examens des divers baccalauréats pour le nouveau régime :

Série A. — 1re partie. — Latin-grec. 38 candidats. 18 admis, soit 47 %, proportion légèrement supérieure à celle de l'année dernière qui était de 45 %.

Série B. — Latin-langues vivantes: 153 candidats. 57 admis, soit 43 %, proportion bien supérieure à celle de l'année précédente qui n'était que de 26 %.

Série C. — Latin-sciences: 78 candidats. 33 reçus, soit 42 % contre 33 % l'an dernier.

2ᵉ partie. — Lettres philosophie: 147 candidats, 77 reçus soit 44 %, au lieu de 47 % en 1906-1907.

Les examens subis pour le brevet d'arabe, le diplôme d'arabe, le brevet de kabyle, et le diplôme de dialectes berbères ont donné des résultats que M. le Directeur de l'École estime moins satisfaisants que ceux de l'année précédente, exception faite toutefois pour ceux du brevet d'arabe.

Annexe. — Étudiants étrangers

Trois étudiants étrangers ont suivi les cours et travaux pratiques des écoles d'Alger en 1907-1908, savoir :

M. Brun Rudolf Von Geuf, étudiant de quatrième année de la faculté de Zurich, a suivi les cours et travaux pratiques de l'école de médecine pendant les premier et deuxième trimestres 1907-1908.

Mlle Xénia Koudacheff, princesse russe, étudiante immatriculée à la Faculté des sciences de Genève, a suivi les cours et travaux pratiques de la première année de médecine pendant les premier et deuxième trimestres.

M. Zadikian Karapet, sujet turc, étudiant inscrit à la Faculté des sciences de Paris, en vue du certificat du P. C. N. a pris à l'école des sciences d'Alger, le 10 mars 1908, la troisième inscription de ce certificat ; il n'a pas pris la quatrième inscription.

« Telle est retracée, aussi fidèlement que possible, la vie de nos écoles d'enseignement supérieur pendant l'année scolaire 1907-1908. Elle s'est manifestée avec une activité et une intensité suffisantes pour légitimer l'ambition si grande que nous avons de voir enfin se réaliser le groupement des écoles algériennes en université. Cette question de l'université algérienne, qui a été posée, il y a plus de 10 ans au moment de la visite de M. Liard, alors directeur de l'enseignement supérieur et qui n'a pas cessé depuis de préoccuper l'autorité académique et les directeurs des écoles, paraît avoir fait cette année un pas décisif. M. le ministre de l'instruction publique a, en effet, nommé une commission composée de MM. Liard, Bayet, Appell, Barthélemy et Chailley. qui a été chargée de venir étudier sur place la question et de fournir un rapport sur la solution à lui donner.

« Nous avons été honorés de la visite de cette commission, elle a minutieusement étudié le fonctionnement de tous les services, elle s'est rendu compte de la valeur de l'enseignement qui est donné aux étudiants, elle a pu noter le zèle et l'assiduité de ceux-ci, elle a constaté les ressources de nos laboratoires, examiné les modifications à apporter à certains d'entre eux, ainsi que les lacunes à combler. Au cours de cette inspection, les honorables membres de la commission ont acquis cette conviction que la création d'une université à Alger s'imposait et ils se sont trouvés en complète communion d'idées avec l'administration supérieure algérienne et les assemblées financières dont le concours pécuniaire est indispensable à la réalisation de cet important projet. Celles-ci s'étaient déjà déclarées prêtes à souscrire aux dépenses nécessaires avec un empressement dont nous ne saurions trop les remercier.

« Le rapport de la commission dont la rédaction a été confiée à M. Chailley ne saurait tarder à être entre les mains de M. le ministre de l'instruction publique qui le déposera sur le bureau de la Chambre après en avoir pris connaissance. Nous avons donc le ferme espoir de voir aboutir à brève échéance un projet dont la réalisation ne pourra manquer de donner un nouvel essor au développement de nos écoles.

« Celles-ci pourront, en effet, délivrer les diplômes d'Etat auxquels elles préparent de nombreux étudiants dont le nombre augmentera fatalement dès qu'ils auront la possibilité de pouvoir subir leurs examens à Alger ; elles pourront créer des diplômes particuliers à l'université algérienne qui seront la sanction des enseignements spéciaux qui sont faits sur des questions algériennes et coloniales ; elles pourront aménager plus confortablement les laboratoires par trop sommairement installés, renouveler ou perfectionner l'outillage de certains d'entre eux, de façon à permettre aux personnes qui effectuent des recherches de travailler dans des conditions avantageuses. De telle sorte que le groupement de nos écoles en université sera d'un très grand profit, à la fois pour le personnel enseignant, pour les étudiants et aussi pour la colonie tout entière. »

BIBLIOTHÈQUE UNIVERSITAIRE

La bibliothèque universitaire est un établissement universitaire affecté aux besoins communs des quatre écoles d'enseignement supérieur. Elle est placée sous l'autorité du recteur de l'académie.

La direction du service est confiée au bibliothécaire sous l'autorité du recteur.

Le recteur est assisté d'une Commission qui prend le nom de commission de la bibliothèque. Elle est composée de professeurs désignés par les assemblées des écoles d'enseignement supérieur, à raison d'un membre par chacune d'elles.

Le bibliothécaire fait partie de droit de cette commission.

La bibliothèque est ouverte six heures par jour : elle est destinée, conformément à l'arrêté ministériel du 20 janvier 1887, aux personnes suivantes :

1° Membres de l'enseignement supérieur et de l'enseignement secondaire qui résident à Alger ;

2° Étudiants des écoles d'enseignement supérieur sur la présentation de leur feuille de bibliothèque délivrée par le secrétariat des écoles ;

3° Les candidats au grade de docteur.

Toute autre personne, doit présenter pour être admise, soit à travailler dans les salles de travail, soit à emprunter des ouvrages, une autorisation écrite délivrée par le recteur de l'académie.

Cette autorisation est valable pour l'année scolaire.

Le nombre des professeurs et des étudiants qui ont usé de la bibliothèque s'est élevé à 410.

Le nombre des personnes autorisées par le recteur de l'académie a été de 48 en 1908.

Au total 158 personnes ont usé des ouvrages de la bibliothèque de 1908.

Effectif des volumes

La bibliothèque possède actuellement 174,117 volumes qui se décomposent de la manière suivante :
Volumes ordinaires et périodiques........ 54.622
Thèses provenant d'échanges universitaires 119.495

La bibliothèque universitaire échange les publications ordinaires de l'académie d'Alger avec les publications académiques de toutes les univers tés nationales et de 39 universités étrangères. L'acquisition annuelle de ce chef atteint le chiffre de près de 5,000 volumes. Ce qui constitue la valeur de ces échanges c'est que plusieurs de ces thèses ne se trouvent pas dans le commerce. Ce sont donc là des acquisitions précieuses.

La bibliothèque possède 1010 revues et publications périodiques.

Mouvement des livres. — Acquisitions

La bibliothèque qui date de l'année 1880, s'est développée d'une manière très rapide.

Elle a subi en cela le mouvement ascensionnel qui s'est manifesté depuis 1880 dans toutes les bibliothèques universitaires de la Métropole.

Voici d'ailleurs quelques chiffres statistiques :

Années	Volumes ordinaires	Thèses
1882	8.104	12.708
1886	14.188	19.879
1890	25.058	31.841
1894	30.326	46.105
1900	37.309	72.770
1903	45.474	88.241
1906	49.030	105.639
1907	52.683	114.817
1908	54.622	119.495

Les acquisitions de l'année 1908 atteignent 6,617 volumes et brochures. Sur les 6,617, 4,678 sont constitués par les thèses.

900 volumes ont été remis à titre de dons ; les achats portent sur 1,039 volumes.

Mouvement des lecteurs des ouvrages communiqués dans les salles de travail et des ouvrages prêtés au dehors.

Le mouvement des lecteurs a subi une légère regression. En revanche, le mouvement des ouvrages communiqués dans les salles de travail et de ceux qui ont été prêtés en dehors est en progression.

1882	1.827	3.592	615
1886	2.519	6.079	1.600
1890	6.369	12.302	2.780
1891	9.900	19.227	3.648
1900	15.460	26.372	5.149
1903	9.015	15.111	5.298
1906	10.308	19.700	7.328
1907	10.919	19.720	4.223
1908	10.063	23.272	4.616

Le chiffre des volumes communiqués dans les salles de lecture ne répond pas exactement au nombre des volumes qui sont réellement consultés et déplacés. Le chiffre donné est inférieur à la réalité. Pour faciliter le travail des lecteurs, il a été constitué une réserve d'ouvrages qui comprend plus de 4,000 volumes. Ces ouvrages sont consultés sans que la demande en soit faite au personnel de la bibliothèque. Ils échappent ainsi à la statistique qui est dressée à chaque séance.

Crédits alloués pour le matériel

Les crédits s'élèvent à 12,070 francs. Ils se décomposent ainsi :

1° Achats d'ouvrages et abonnements aux revues................................... Fr. 10.000

2° Reliure.............................. 1.470

3° Frais de bureau. — Annuaires : matériel 600

Tous ces crédits sont insuffisants et principalement ceux destinés aux achats de livres et de la reliure.

Il n'est pas inutile de faire connaître les dépenses matérielles des bibliothèques universitaires de la métropole. On constatera mieux l'état d'infériorité de la bibliothèque universitaire d'Alger.

Besançon	10.500
Caen	18.070
Poitiers	18.505
Aix-Marseille	18.580
Rennes	18.998
Dijon	19.763
Grenoble	20.157
Nancy	30.685
Bordeaux	34.331
Montpellier	34.533
Lille	35.669
Toulouse	37.850
Lyon	44.629
Paris	« «
Clermont	« «
Alger	12.070

Installation matérielle. — Locaux

Le local de la bibliothèque est aujourd'hui ce qu'il était à l'origine, c'est-à-dire le même qu'en 1886, date de l'installation de la bibliothèque dans les bâtiments des écoles supérieures. Il comprend deux étages.

Le local est très insuffisant. Il a fallu recourir à l'expédient toujours pénible et défectueux de placer certaines collections sur deux rangs sur le même rayon. Il y a donc lieu de prévoir des agrandissements pour caser les collections futures pendant une nouvelle période d'une vingtaine d'années.

Personnel

Le personnel de la bibliothèque comprend un bibliothécaire et deux garçons de salle.

MÉDERSAS

Le concours d'admission dans les médersas pour l'année scolaire 1907-1908 a eu lieu dans chacune des médersas d'Alger, de Constantine et de Tlemcen le mardi 2 juillet 1907. Un concours supplémentaire a eu lieu le 15 octobre.

Le nombre des candidats qui s'étaient fait inscrire pour ces deux sessions s'élevait :

Pour la médersa d'Alger, à.................	44
Pour la médersa de Tlemcen, à............	25
Pour la médersa de Constantine, à......	27
Soit, au total........................	96

Sur ce nombre, 51 ont été définitivement admis :

Pour la médersa d'Alger....................	15
Pour la médersa de Tlemcen..............	17
Pour la médersa de Constantine.........	19

En raison du nombre des candidats, le recrutement s'est opéré dans de bonnes conditions ; les jurys ont pu choisir les candidats avec soin et élever encore le niveau du concours d'admission.

Les médersas ont réuni un effectif total de 230 étudiants pendant l'année scolaire 1907-1908, se décomposant ainsi : 216 étudiants réguliers, 14 étudiants bénévoles.

Au point de vue de la nationalité ces étudiants se répartissent ainsi : 186 arabes et 44 kabyles.

Le tableau ci-dessous donne la répartition détaillée de cet effectif :

MÉDERSAS	ÉTUDIANTS RÉGULIERS							Étudiants bénévoles	Total général	OBSERVATIONS
	1re année	2e année	3e année	4e année	5e année	6e année	Total			
Alger	21	12	11	16	16	16	92	»	92	
Tlemcen . . .	20	18	11	15	»	»	64	8	72	
Constantine .	21	15	15	9	»	»	60	6	66	
	62	45	37	40	16	16	216	14	230	

Sur ces 216 étudiants réguliers :

151 étaient pourvus de bourses de l'Etat ;
16 de bourses départementales ;
14 de bourses communales.

Soit au total 181 étudiants jouissant d'un subside annuel de 360 francs ou 300 francs et 35 n'étant pas pourvus d'une bourse d'entretien.

Les examens du certificat d'études et du diplôme d'études supérieures des médersas ont donné, comme les années précédentes, des résultats très satisfaisants.

A Alger, 9 candidats se sont présentés au certificat, 9 ont été reçus ;

A Tlemcen, 14 candidats se sont présentés au certificat, 14 ont été reçus ;

A Constantine, 9 candidats se sont présentés au certificat, 9 ont été reçus. — Soit, au total : 32 reçus.

Pour le diplôme d'études supérieures des médersas 12 candidats se sont présentés et ont été reçus.

Comme par le passé, les études continuent à être satisfaisantes. La meilleure entente ne cesse de régner entre les professeurs français et musulmans pour le plus grand bien des étudiants qui, de leur côté, se montrent animés d'un très bon esprit.

Les médersas sont présentement toutes installées dans des établissements répondant à tous les besoins de l'enseignement.

A Constantine, les bâtiments de la nouvelle médersa ont été livrés à partir du 1ᵉʳ octobre dernier.

La nouvelle médersa est située au centre de la rue Nationale, au carrefour Perrégaux, longeant la rive gauche du Rhumel et touchant au quartier arabe. La grande porte centrale donne accès dans un hall flanqué de gros piliers aux revêtements de faïence, avec en face d'un large escalier une fontaine en Onyx d'Aïn-Smara.

A droite et à gauche se trouvent deux salles de cours, la salle des professeurs et la loge du concierge. Au premier étage sont la salle des sciences et le cabinet du directeur. Dans le bas se trouvent deux autres salles de cours et d'étude. L'aile droite du bâtiment comprend les logements des élèves et du concierge. Trente-six élèves y sont logés, à raison de quatre par chambre.

L'aile gauche comprend la bibliothèque, ainsi que le logement du directeur.

Vue du Mansourah la médersa présente un caractère imposant et hardi, avec ses quatre étages superposés surplombant le ravin, avec son grand dôme central et ses coupoles multicolores.

II. — Enseignement secondaire

Les effectifs scolaires des lycées et collèges de garçons de l'académie d'Alger ont atteint, le 1ᵉʳ mai dernier, le total de 4.051 élèves, inférieur de 58 unités au total de l'an dernier à la même date.

La population globale des trois lycées est de 2670 élèves ainsi distribués :

Lycée d'Alger 1.357 élèves (4 en plus).

Lycée d'Oran 761 élèves (49 en moins).

Lycée de Constantine 561 élèves (35 élèves en plus).

C'est, au total, une diminution de 10 unités par rapport à l'année dernière.

Le recrutement du lycée d'Alger est parfaitement assuré; les variations qui se chiffrent par quelques unités en plus ou en moins n'ont aucune importance digne d'être signalée. Il y a cependant quelque intérêt à constater que l'énorme population scolaire de cet établissement vient encore de s'accroître, à la suite de la rentrée d'octobre, de plus de 70 élèves, de telle sorte que le lycée d'Alger se classe le 3° au point de vue global, parmi tous les lycées de France y compris ceux de Paris.

Le lycée de Constantine poursuit régulièrement sa croissance. Il a gagné 200 élèves en 10 ans. Du 1er octobre au 1er mai dernier, 150 élèves nouveaux s'étaient fait inscrire, d'où l'augmentation signalée ci-dessus, car le nombre des sorties avait été sensiblement le même que tous les ans.

Ce lycée maintiendra-t-il ses effectifs dans l'avenir ? M. le proviseur en doute; ses inquiétudes à ce sujet sont fondées sur les tremblements de terre qui ont agité la ville et sur les appréhensions relatives aux mauvaises années dont la période paraît commencer. Mais M. l'inspecteur d'académie de Constantine est moins pessimiste; les secousses sismiques n'auront aucune action; il espère que l'année sera favorable à la colonisation et que, par suite, le lycée pourra au moins conserver les positions acquises.

Le lycée d'Oran avait perdu, ces dernières années, un certain nombre d'élèves surtout dans les classes primaires. Je pense que les mesures, prises au début de la nouvelle année scolaire auront pour effet de rendre à cet établissement une situation prospère.

****

Les collèges ont 48 élèves de moins que l'an dernier: 1.372 au lieu de 1.420. Cette diminution, si elle était répartie sur les collèges de l'académie, serait tout à fait insignifiante, d'autant plus insignifiante que l'année dernière la population collégiale avait augmenté de 52 élèves. Mais elle porte à peu près exclusivement sur deux collèges qui, depuis quelques années, prenaient un essor remarquable, celui de Sétif qui perd 38 élèves, et celui de Tlemcen qui en perd 34. Ce sont là peut-être simplement des crises de croissance. En tout cas il n'est rien signalé qui puisse incriminer le régime ou l'organisation de ces établissemens: mauvaise campagne agricole dans les Hauts-Plateaux, pour Sétif, jointe à un fâcheux état sanitaire de la ville; retour normal de l'effectif à ce qu'on peut raisonnablement espérer, pour Tlemcen; telles sont les explications données par MM. les principaux.

Voici la population totale de chacun des collèges de l'Académie, avec les différences en plus ou en moins par rapport à l'an dernier :

Collège de Blida............ 273 élèves (14 en plus)
    —   Bône .... 272 élèves (9 en plus)
    —   Sétif .... 220 élèves (38 en moins)
    —   Mostaganem... 183 élèves (4 en plus)
    —   Philippeville... 170 élèves (même nomb.)
    —   Tlemcen ...... 168 élèves (34 en moins)
    —   Médéa .... 86 élèves (3 en moins)

La répartition des élèves dans l'internat et dans l'externat n'offre aucune particularité intéressante: 26 pensionnaires et demi-pensionnaires en moins, 32 externes en moins, au total, pour les 10 lycées et collèges.

De même il y a peu de changement dans la répartition des élèves par nationalité. Comme d'habitude, on constate que les élèves musulmans ne sont pas assez nombreux : 147 au total avec une augmentation de 10 unités. C'est que, semble-t-il, les familles musulmanes aisées ou riches gardent leurs garçons à la maison bien au delà de l'âge où ils pourraient entreprendre des études secondaires, qu'ensuite, la course paraît longue et rude à de jeunes gens qui rêvent tout au moins de liberté.

J'insisterai un peu plus sur la distribution des élèves par cycle, divisions et classes, parce que cela peut présenter quelque intérêt au point de vue de l'orientation donnée aux études par les préférences des familles ou des élèves.

La division préparatoire et les classes enfantines sont en constante diminution à peu près partout : 722 élèves au total soit 55 en moins. Sans remonter plus loin, je puis faire remarquer que déjà l'an dernier ces classes diminuaient de 80 unités. Il ne semble pas que l'enseignement secondaire ait quelque intérêt à les voir disparaître ; on peut supposer que si elles disparaissaient ce ne serait pas non plus au bénéfice de l'enseignement primaire public. En tout cas, puisqu'elles existent, il est logique de souhaiter que les chefs d'établissements portent une attention particulière sur leur recrutement.

La division élémentaire (classes de 7ᵉ et de 8ᵉ) compte 632 élèves (3 élèves en moins seulement). Le lycée d'Oran, où le conseil d'administration avait demandé la suppression de toutes les classes précédant le premier cycle, a perdu depuis le 5 novembre 1904, 201 élèves appartenant à ces classes. Il ne faudrait pas que l'opinion publique pût faire des constatations semblables à celles que signale M. l'inspecteur d'académie d'Oran, à savoir : « Que dans les petites classes, dans celles de 7ᵉ surtout, nombre d'élèves — et des mieux notés par leur professeur — ont échoué à l'examen des bourses, tandis que les élèves des écoles primaires obtenaient un succès marqué. »

Dans le premier cycle, on compte un total de 699 élèves dans la division A et 1,194 dans la division B. La division A garde à peu près ses positions (6 en plus), la division B diminue (48 en moins). Je ferai simplement remarquer ici que les lycées conservent un nombre respectable d'élèves faisant du latin dans le premier cycle : 540 élèves se trouvent dans ce cas: 755 suivent les classes sans latin. La distance numérique est relativement plus sensible dans les collèges où la division B a à peu près trois fois plus d'élèves que la division A : 159 en A ; 439 en B.

Le deuxième cycle compte 611 élèves au total : 469 dans les lycées et 142 dans les collèges. Comment ces élèves se sont-ils répartis dans les diverses sections du deuxième cycle ?

La section latin-grec (A) compte 38 élèves (1 en moins.

La section latin-langues (B) compte 134 élèves (19 en plus).

La section latin-sciences (C) compte 102 élèves (7 en moins).

La section sciences-langues (D) compte 337 élèves (25 en plus).

En d'autres termes, les élèves du premier cycle ayant fait du latin se retrouvent dans le deuxième cycle au nombre de 274 et ceux n'ayant pas fait de latin se retrouvent dans ce même cycle au nombre de 337. C'est la victoire numérique de l'enseignement moderne sur l'enseignement classique.

La tendance constatée les années précédentes se manifeste encore cette année au sujet du choix des trois sections A, B, C du deuxième cycle ; la culture gréco-latine est presque abandonnée: la culture classique unie à la culture scientifique (section C) a chaque année moins d'adeptes ; la section latin-langues, que quelques-uns prétendent être celle du moindre effort, progresse chaque année ; il est incontestable que les élèves ont dans ce pays beaucoup de facilités pour certaines langues, qui sont souvent pour eux des langues maternelles.

Dans les collèges, les sections A, B, C ont un total de 51 élèves : 8 en A, 30 en B, 13 en C ; la section B a un total de 91 élèves. Les sections A et C ne peuvent plus guère diminuer à moins de disparaître.

Les classes de philosophie et de mathématiques qui succèdent au deuxième cycle, ont un total de 151 élèves : 99 en philosophie et 52 en mathématiques. Les collèges comptent dans ces chiffres pour 16 élèves en philosophie et 8 en mathématiques, ainsi répartis :

Blida	Philosophie	.. 4	Mathématiques	.. 3
Mostaganem	«	.. 1	«	.. 0
Tlemcen	«	.. 0	«	.. 1
Bône	«	.. 5	«	.. 1
Philippeville	«	.. 5	«	.. 2
Sétif	«	.. 1	«	.. 1

Ces chiffres semblent donner raison à ceux qui pensent que la plupart des collèges, sinon tous, devraient borner leur ambition à l'organisation des classes jusqu'à la fin du deuxième cycle seulement.

La situation morale et intellectuelle des lycées et collèges de garçons est satisfaisante.

Au point de vue moral et disciplinaire, on est unanime à reconnaître que les élèves sont dociles et confiants, que les fautes graves sont excessivement rares et que d'habitude l'avertissement suffit à ramener dans la bonne voie ceux qui s'en sont écartés accidentellement.

Le régime de l'autonomie des lycées a introduit dans ces établissements des surveillants d'internat qui sont chargés uniquement des surveillances matérielles (dortoir, réfectoire, récréations, promenades). On n'a pu faire appel, pour ces services, qu'à des jeunes gens, étudiants ou aspirants fonctionnaires, en général, lesquels recherchent ces emplois pour les avantages matériels qui y sont attachés (logement, nourriture et 600 francs par an). Le proviseur d'Alger est satisfait de la collaboration de ces surveillants, qui manquent d'autorité et d'expérience à leur début, mais qui ont de la bonne volonté, de la tenue et qui aiment le travail ; c'est qu'à Alger, l'administration n'a que l'embarras du choix parmi les étudiants des diverses facultés. Le proviseur du lycée d'Oran signale que la jeunesse et l'inexpérience des surveillants d'internat encouragent quelques velléités d'indiscipline et aussi que leur instabilité augmente le travail du censeur et des surveillants généraux ; il est à remarquer à cet égard, que pour maintenir pendant l'année au complet un personnel de 10 surveillants, il a fallu recourir à 25 personnes différentes.

Au point de vue intellectuel, on signale que, dans

le département d'Alger, les études sont dans un état satisfaisant, que les diverses matières d'enseignement sont confiées à des professeurs de grand mérite et de conscience professionnelle irréprochable, que le travail et les progrès des élèves sont bons, excepté dans le premier cycle où il semble qu'on perde du temps à des exercices surannés, longs et parfois inutiles.

Dans le département de Constantine, les classes sont à peu près partout d'une force moyenne. A noter cependant au lycée, la 2ᵉ D (1ʳᵉ D actuelle) qui compte 27 élèves : c'est une classe faible, très faible, aussi bien pour la partie littéraire que pour la partie scientifique ; il est probable qu'elle fera peu d'honneur à l'établissement lors des examens de baccalauréat.

Les chefs d'établissements du département de Constantine ne fournissent à peu près aucun renseignement sur l'enseignement proprement dit et l'application des programmes. Mais M. l'inspecteur d'académie s'élève avec juste raison contre les cours dictés qu'on est toujours surpris de voir survivre à toutes les excommunications. Il exprime aussi l'avis qui sera fort utile à tous ceux dont la mission est de contrôler le travail qu'il y a lieu de surveiller de près le soin matériel apporté par les élèves à l'exécution de leurs devoirs. L'examen de certaines compositions, dit-il, m'a montré jusqu'à quel point on se désintéresse de la forme: l'écriture, l'orthographe, la rédaction laissent quelquefois gravement à désirer et tel chef d'établissement, tel professeur qui s'étonne des insuccès des élèves dans les examens, ne doit chercher ailleurs la cause de ces résultats regrettables. En ce qui concerne particulièrement les compositions de mathématiques et de physique, dans lesquelles on demande aux candidats des problèmes entraînant quelques calculs, le soin matériel est d'une importance capitale, c'est lui qui évite les fautes de signes, les fautes de calcul qui, si elles se manifestent dès le commencement de la composition, en entraînent la nullité. J'en dirai autant des fautes d'orthographe que l'on reproche souvent aux meilleurs élèves, aux meilleurs devoirs et dont les examinateurs du baccalauréat se sont plaints à diverses reprises.

Dans le département d'Oran, on se plaint surtout de ce que, d'une façon générale, au Lycée d'Oran, on ne travaille pas assez dans les classes de début; les élèves font preuve d'une fâcheuse ignorance du français dans les classes secondaires, en latin d'une connaissance insuffisante de la grammaire et d'une grande pauvreté de vocabulaire, d'autre part, les élèves passent trop facilement d'une classe à l'autre, arrivant en 3ᵉ, en 2ᵉ quand ils sont à peine capables de suivre des classes de 5ᵉ ou de 4ᵉ.

Cette dernière constatation me fournit une transition toute naturelle pour envisager la question des examens de passage.

Au lycée d'Alger, ces examens ne sont pas une vaine formalité et l'on y applique le règlement dans toute sa rigueur inflexible et bienfaisante; cela n'empêche cependant pas quelques élèves d'arriver jusqu'en première avec une culture insuffisante. Au collège de Blida, la classe actuelle de première est composée d'élèves médiocres auxquels les connaissances fondamentales font un peu défaut; la classe de deuxième est peu homogène, elle compte quelques bons élèves, mais aussi des médiocres que « leur âge et leur bonne volonté » ont laissé passer dans cette classe.

J'ai noté plus haut que la première actuelle du lycée de Constantine est faible, très faible.

Je cite, en outre, qu'au lycée d'Oran les élèves incapables encombrent les classes de première, occupent l'attention du professeur, le surchargent de devoirs à corriger, l'empêchent de donner ses soins aux plus capables d'arriver au baccalauréat.

Que conclure de ces constatations ? Sans doute que le règlement des examens de passage surtout pour le passage du premier cycle au deuxième cycle devrait être appliqué plus sévèrement: c'est là une question d'intérêt général des études qui d'ailleurs se concilie avec les intérêts bien compris des élèves que l'on peut recommander encore à l'attention des administrations collégiales.

**

L'année dernière, l'assemblée générale des fonctionnaires du lycée d'Alger étudia, avec toute l'ampleur désirable, la question de l'enseignement du français dans les diverses classes des lycées et collèges. Après avoir exposé la méthode qu'il conviendrait d'adopter et constaté qu'il paraissait impossible de diminuer les heures des divers enseignements, elle demanda entre autres choses qu'il fût créé pour les élèves faibles des conférences spéciales confiées au professeur titulaire ou, sous sa surveillance, aux professeurs-adjoints. Ces heures supplémentaires ont été instituées notamment au petit lycée de Ben-Aknoun et au collège de Blida. M. le principal de cet établissement se déclare satisfait des résultats obtenus.

Je crois devoir signaler, dans ce rapport, l'institution des bibliothèques de classe qui sont alimentées par les cotisations volontaires des élèves, et les réels services qu'elles rendent. Ces bibliothèques sont florissantes au lycée d'Alger et au collège de Blida. Voici les statistiques concernant les plus prospères d'entre elles au lycée d'Alger :

Philosophie.......	332 volumes.	Cotisation	4 fr.	par an.
Premières A et B.	295	—	3	—
Premières C et D.	110	—	4	—
Seconde A et B...	105	—	3	—
Seconde C et D...	55	—	3	—
Histoire.,.......	375	—	2	—

Tous les ouvrages qui entrent dans ces bibliothèques sont intéressants et utiles, bien appropriés aux études des élèves; ils sont lus et les lecteurs doivent en donner un compte rendu. Les professeurs se félicitent des effets obtenus; aussi peut-on recommander l'œuvre en toute confiance, d'autant plus que les bibliothèques des études et les bibliothèques générales sont généralement assez pauvres.

La collaboration des familles entre de plus en plus dans les mœurs de l'enseignement secondaire. Les instructions que M. le Ministre vient d'adresser au personnel montrent bien qu'en haut lieu on attache une grande importance à cette question: Il est très désirable, disent-elles, que dès le début de l'année, les parents sachent exactement où et quand ils pourront se mettre en rapport avec les professeurs et répétiteurs, qui doivent être visibles pour eux soit à leur domicile, soit au lycée, au moins une fois par quinzaine ».

M. le proviseur du lycée d'Alger se montre très satisfait de la collaboration discrète des familles, il a pu, grâce à elle, dissiper bien des malentendus, bien des préventions aussi. « Je reconnais avec plaisir, dit-il, que les parents comprennent mieux qu'autrefois que nous avons besoin de leur concours et de leur active et étroite collaboration: j'en ai pour preuve l'empressement avec lequel ils répondent à mon appel pendant les mois qui précèdent ou qui suivent la rentrée des classes ».

L'inspecteur d'académie de Constantine écrit aussi que « l'action sur les élèves est rendue plus efficace par la collaboration des familles à qui les chefs d'établissements demandent leur concours». Et il ajoute que le proviseur du lycée déclare obtenir à ce point de vue satisfaction de la plupart des familles. « Il n'en est pas de même des principaux de collèges: ils sont d'accord pour déplorer l'insouciance et la mauvaise volonté des parents qui trop enclins à écouter leurs enfants punis ou grondés, sont pour les chefs d'établissements des collaborateurs médiocres, peu dévoués ou indifférents ».

Rien n'est signalé à ce sujet dans le département d'Oran.

***

MM. les proviseurs des lycées d'Alger et d'Oran, se plaignent du nombre considérable des absences du personnel, des professeurs surtout, à l'époque des examens du baccalauréat: 125 heures de classe ont été perdues au lycée d'Oran par suite de la participation de professeurs à ces examens; en additionnant les heures d'absences de l'année scolaire, on arrive, pour ce même lycée, au total de plus de 1,350 heures de classes non faites par les professeurs, et de plus de 1,240 heures de service non faites par les répétiteurs. C'est là une des grosses causes de mécontentement des parents; un ancien maire d'Oran l'a signalé avec insistance au nouvel inspecteur d'académie.

M. le proviseur du lycée d'Alger, après avoir fait des constatations de même nature, se demande, comme il le demande chaque année, où est le remède à cette situation. Il en indique deux qui paraissent propres à atténuer le mal fait aux études surtout par les absences du commencement et de la fin de l'année scolaire : changer l'époque des examens, modifier la composition du jury. La première seulement paraît mériter quelque attention.

*
* *

Il me reste à parler, au sujet de l'enseignement, de l'institution de la gratuité des études dans les collèges accordée, par voie de concours, à quelques élèves des écoles primaires pourvus du certificat d'études.

A Bône, la municipalité s'est refusée à accepter les propositions qui lui avaient été faites. De même à Blida où la municipalité se réserve d'admettre quelques enfants à titre gratuit, choisis par elle parmi les meilleurs élèves des écoles primaires.

A Philippeville, il y a eu un seul candidat en trois ans.

A Sétif, 4 ont été admis en 1905 et en 1906 ; 3 ont été admis en 1907, mais l'un d'eux seulement, qui est d'ailleurs médiocre, suit les cours.

A Médéa, on n'a trouvé cette année que deux candidats pour le concours, l'un d'eux a été reçu.

Les renseignements de l'an dernier pour le département d'Oran étaient meilleurs que ceux du départements d'Alger et de Constantine : 10 élèves suivaient les cours en 1907 au collège de Mostaganem et 7 au collège de Tlemcen.

L'expérience déjà vieille de plusieurs années ne paraît pas avoir réussi. Les jeunes gens des écoles primaires qui veulent faire des études d'enseignement primaire supérieur restent dans les écoles primaires supérieures après avoir subi le concours des bourses nationales. D'autre part, n'y a-t-il pas un danger pour la prospérité même des collèges de limiter ce concours aux élèves des écoles primaires ?

Les élèves de 7e ou de 8e des collèges ne manqueront pas, en effet, dans ce cas, de quitter le collège pour l'école primaire afin de pouvoir concourir. Et s'il y en a parmi eux dont les familles sont assez aisées pour pouvoir payer les frais d'études, c'est une diminution de recettes pour le collège, sans aucun profit pour l'enseignement primaire supérieur.

La solution rationnelle paraît être l'annexion pure et simple à certains collèges d'une section d'enseignement primaire supérieur, organisée sur le pied des écoles primaires supérieures.

Les résultats des examens du baccalauréat ont été bien meilleurs que ceux de l'année dernière. Ils sont encore insuffisants pour certaines sections de la première partie.

Voici d'ailleurs le détail :

Philosophie	122 présentations	60 admissions	
Mathématique	94	—	58	—
1re partie (A)......	28	—	14	—
1re partie (B)......	109	—	42	—
1re partie (C).....	64	—	20	—
1re partie (D)......	187	—	78	—

Je transcris ici les vœux qui ont été formulés au sujet de ces examens :

1° M. le proviseur du lycée d'Alger, demande à la suite d'observations de quelques pères de famille, que les textes polycopiés soient l'objet d'un tirage un peu plus soigné : ces textes ont laissé souvent à désirer comme netteté : parfois même ils étaient illisibles.

2° Il demande aussi s'il y aurait des inconvénients à consacrer une séance distincte à chacune des épreuves de mathématiques et de physique pour les candidats de la première partie (latin-sciences) et (sciences-langues).

3° M. le proviseur du lycée de Constantine demande que la version latine donnée aux élèves de C ne soit pas la même que celle donnée aux candidats de A et B qui ont, par semaine, deux heures de latin de plus que leurs camarades de C. Il paraît, en effet, plus logique de donner deux versions distinctes proportionnées à la force des deux divisions, que de tenir compte dans une correction de la force relative des deux groupes d'élèves.

4° Quelques « conseils d'enseignement » et M. l'inspecteur d'académie de Constantine émettent aussi le vœu que les notes des examens des divers baccalauréats soient envoyées aux proviseurs et aux principaux avec les rapports faits par les examinateurs en ce qui concerne chaque établissement en particulier.

Au sujet des concours pour les grandes écoles du gouvernement, voici les résultats de l'année 1907-1908 pour le lycée d'Alger et d'Oran (celui-ci en ce qui concerne la préparation à St-Cyr qui est seule organisée) :

Lycée d'Alger. — St-Cyr, 8 présentés : 5 admissibles, 2 reçus.

Lycée d'Oran. — St-Cyr, 3 présentés : pas de succès.

Lycée d'Alger. — Polytechnique, 18 présentés : 5 admissibles, 1 reçu.

École normale supérieure (sciences, 4 présentés : 3 admissibles et 1 reçu.

Bourses de licence : 2 reçus.

Institut agronomique, 3 présentés : 3 admissibles, 1 reçu.

L'éducation physique est toujours en honneur dans nos établissements ; la gymnastique, le tir, les grandes promenades, les jeux de plein air ont le plus grand attrait pour les élèves ; ils ont constitué des associations sportives qui vivent, qui sont florissantes même, telle la société sportive du lycée d'Alger. C'est le jeu du ballon qui est le plus en faveur, jen violent et qui offre quelques dangers, même quand il est fait sous la direction des professeurs de gymnastique.

L'hygiène des locaux et l'hygiène des élèves sont partout l'objet de la plus étroite vigilance. Les médecins attachés à nos établissements suivent avec intérêt les détails du développement physique des élèves.

La nourriture ne laisse rien à désirer, d'ailleurs les élèves et les familles ne s'en plaignent presque jamais, de telle sorte que nos collégiens se trouvent partout placés dans les meilleures conditions possibles de bien-être. Aussi, la situation sanitaire a-t-elle été bonne dans nos établissements. D'ailleurs, les proviseurs, de même que les principaux, veillent avec le plus grand soin aux mille détails de la vie matérielle des élèves ; ils réalisent, dès qu'elles se manifestent et dans la mesure du possible, toutes les améliorations désirables. Le concours de l'État, de même que celui des communes, ne leur manque jamais.

Il résulte de ce rapport que, dans l'ensemble, la situation de l'enseignement secondaire des garçons est satisfaisante. Tout n'est pas parfait, n'est même pas simplement bien; il y a, ici ou là, des courants à remonter, des améliorations à poursuivre. C'est l'œuvre à laquelle tout le personnel est convié; pour son accomplissement, on peut assurément compter sur le dévouement, la conscience et la bonne volonté de tous.

ENSEIGNEMENT SECONDAIRE DES JEUNES FILLES

Le nombre des établissements d'enseignement secondaire des jeunes filles n'a pas varié depuis l'an dernier. Tous se trouvent dans une situation prospère ou à peu près. Ils comptent, au total, 1490 élèves, soit 78 de plus que l'an dernier, ainsi répartis :

École de la ligue d'Alger, 514 élèves (34 en plus).

Collège d'Oran, 445 élèves (31 en plus).

Collège de Constantine, 234 élèves (3 en moins).

Cours secondaires de Bône, 187 élèves (20 en plus).

Cours secondaires de Philippeville, 110 élèves (3 en moins).

La ligue poursuit la marche ascendante, de même que le collège d'Oran, qui a doublé ses effectifs depuis sa fondation; le collège de Constantine reste sensiblement stationnaire. Les cours secondaires de Bône progressent; ceux de Philippeville sont depuis longtemps dans le même état et leur population scolaire oscille entre 100 et 115 élèves.

La répartition des 1,490 élèves des établissements d'enseignement secondaire des jeunes filles se fait à peu près en parties égales dans les classes secondaires et dans les classes primaires: 720 dans les classes secondaires; 770 dans les classes primaires. Ce serait excellent si les élèves de ces dernières classes devaient passer dans l'enseignement secondaire et suivre le cours des cinq années d'études réglementaires. Mais les familles ne font pas de distinction précise entre les deux enseignements; elles mettent leurs filles au collège, dit la directrice du collège de Constantine, parce que « la population scolaire y est plus choisie que dans les écoles primaires ». Au surplus, les grades primaires ont toujours plus d'attrait que les grades secondaires. Il est vrai que ces derniers ne mènent à rien en dehors de la carrière de l'enseignement secondaire, carrière longue et difficile, tandis que les premiers ouvrent les portes de l'enseignement primaire.

A ne juger que d'après les examens, l'éducation intellectuelle doit être excellente dans ces établissements. Au lycée d'Oran sur 137 présentations, 101 succès; 5 sur 9 au brevet supérieur; 28 sur 38 au brevet élémentaire; 25 sur 34 au certificat d'études secondaires de troisième année. A la ligue, sur 140 présentations, 106 succès: 17 diplômes de fin d'études sur 22; 27 certificats de troisième année sur 30; 89 brevets élémentaires sur 55; 23 brevets supérieurs sur 33. On a été un peu moins heureux dans le département de Constantine, où la proportion des succès a été de 37 % pour le brevet élémentaire, de 47 % pour le brevet supérieur et de 50 % au diplôme de fin d'études secondaires.

A en juger d'après-les rapports des directrices, la situation de l'enseignement serait satisfaisante à peu près partout. Cependant il y a lieu de remarquer qu'aucune maîtresse des cours secondaires n'est pourvue du certificat d'aptitude au professorat et qu'il faudrait deux professeurs de lettres au collège de Constantine; l'une des chaires de ce collège, vacante depuis deux ans, est occupée par plusieurs professeurs hommes; l'autre est confiée à une maîtresse déléguée, de même que la chaire de dessin. Ces circonstances, ajoute-t-il, ne sont pas de nature à accroître auprès des familles le prestige des établissements d'enseignement secondaire.

Il y a peu de chose à dire de la situation matérielle: l'école de la ligue a été agrandie d'un étage construit sur l'annexe; les cours secondaires de Bône ont été transférés dans un vaste immeuble construit pour une école congréganiste, en attendant la construction du collège; au collège d'Oran les locaux sont insuffisants pour contenir les 445 élèves qu'il reçoit, mais l'on attend sa transformation en lycée pour entreprendre les diverses améliorations depuis longtemps demandées.

III. — Ecoles normales. — Cours normal

Effectif. — Les quatre écoles normales de l'Algérie ont reçu, pendant l'année scolaire 1907-1908, un effectif de 288 élèves, savoir :

Garçons

Section spéciale de maîtres français se préparant à l'enseignement des indigènes (Bouzaréa). 20

Cours normal indigène (4 années), Bouzaréa 69

(198)

Trois années françaises de Bouzaréa 63

Constantine 46

(109)

Filles

Miliana .... 40 }
Oran .... 50 } 90

Total............. 288

En outre, 4 auditrices libres externes (3 en première année ; une en deuxième année) ont été admises à suivre les cours de l'école normale d'institutrices de Miliana.

Situation matérielle. — A Bouzaréa, les bâtiments sont entretenus dans un état satisfaisant, grâce à l'importance des crédits alloués chaque année par le Conseil général. Chaque exercice budgétaire voit aussi se réaliser un progrès au point de vue de l'appropriation et de l'aménagement des locaux qui n'étaient pas primitivement destinés à l'installation d'une école normale. D'autres améliorations sont encore nécessaires pour que les différents services de l'école normale soient à la hauteur des nécessités modernes. Elles seront effectuées graduellement. C'est ainsi que l'année prochaine on installera dans de meilleures conditions le laboratoire de chimie, les salles de physique et de manipulation dans un pavillon qui actuellement inachevé dépare très fâcheusement l'immeuble.

L'école normale d'institutrices de Miliana a fonctionné pendant l'année scolaire 1907-1908 dans un immeuble loué par le département. Cette installation provisoire était indispensable pour permettre de continuer les travaux d'agrandissement entrepris pendant les vacances de 1907 et qui viennent seulement d'être terminés.

Désormais, il sera possible d'augmenter l'effectif de l'école et de recevoir des promotions de 25 élèves au moins, soit 75 élèves en tout, au lieu de 40, chiffre que nous ne pouvions pas dépasser précédemment parce que l'exiguité des locaux ne permettait pas d'en loger davantage.

A l'école normale d'instituteurs de Constantine, les

travaux relatifs à l'agrandissement de l'internat commencés en 1906, allaient être terminés cette année, lorsque le tremblement de terre du 4 août occasionna des dégâts tels qu'il fallut abandonner le bâtiment.

A la suite de cet accident, la commission départementale se préoccupa de réinstaller l'école, tout au moins provisoirement, dans les locaux de l'ancien séminaire, lesquels sont disponibles depuis la fermeture de cet établissement. C'est dans ces locaux que fonctionne actuellement l'école normale.

Le bâtiment est vaste et suffirait pour loger 80 élèves-maîtres. Il a été mis en observation et s'il présente toutes les garanties de solidité désirables, il est probable qu'il sera affecté définitivement à la réinstallation de l'école normale lorsque le département l'aura acquis soit à titre gratuit, par une cession de service des domaines, soit à titre onéreux.

L'école normale d'institutrices de Constantine a ouvert ses portes au mois d'octobre dernier, bien que les travaux d'aménagement ne fussent pas encore complètement terminés.

Une première promotion de 25 élèves y a été admise à la suite du concours du mois de juillet.

L'école normale d'institutrices d'Oran est bien installée et les bâtiments sont entretenus en bon état. Des améliorations y ont déjà été apportées l'année dernière. Pendant les vacances des travaux ont été exécutés pour aménager les locaux de l'ancienne école maternelle annexe en vue de l'enseignement ménager qui a pris une certaine importance depuis l'application des nouveaux programmes de 1905.

Dans de précédents rapports mon prédécesseur a signalé les conséquences fâcheuses résultant, au point de vue du recrutement des instituteurs, de l'absence d'une école normale de garçons dans le département d'Oran. Il n'a pas cessé d'insister chaque année pour que le Conseil général veuille bien revenir sur ses décisions antérieures et consentir à reprendre le projet de création d'une école normale d'instituteurs qui avait été rejeté en 1903, en 1904 et en 1905. La situation est toujours la même sinon plus mauvaise, car le nombre des instituteurs mal préparés à leurs fonctions que l'administration est obligée d'appeler dans le département d'Oran augmente à mesure que s'accroît le nombre des écoles. Comme M. Jeanmaire, je ne puis que déplorer cet état de choses, tout en souhaitant que l'assemblée départementale d'Oran se décide enfin à adopter le principe de la création que nous lui demandons après quoi nous pourrons préparer un projet d'installation dont la réalisation sera ensuite poursuivie rapidement.

Situation morale. — La situation morale a été partout excellente.

A Bouzaréa la discipline est à la fois ferme et bienveillante et le meilleur esprit anime les élèves.

La situation morale et intellectuelle de l'école normale d'institutrices de Miliana est tout aussi bonne. M. l'inspecteur d'académie d'Alger écrit : « Les élèves-maîtresses ont montré autant de zèle que d'application et de bonne volonté. Le personnel mérite aussi tous les éloges pour le soin constant qu'il apporte à tous les détails de l'instruction des futures institutrices qui lui sont confiées ».

A Constantine, professeurs et élèves ont fait preuve du zèle le plus louable et si le succès ne répond pas toujours aux efforts cela tient à la difficulté du recrutement qui est assuré le plus souvent au moyen des candidats inscrits sur les listes supplémentaires de la Métropole et partant moins bien préparés.

A Oran, le travail des élèves a donné toute satisfaction. Toutes ont montré le meilleur esprit. Le personnel s'est montré à hauteur de sa tâche, comme on peut en juger par les résultats des examens du brevet supérieur.

Résultats des examens. — Les résultats des examens, très satisfaisants dans l'ensemble, ont été, savoir :

Bouzaréa :

Brevet d'arabe : 4 élèves reçus (4ᵉ année du cours normal), sur 4 présentés.

Brevet élémentaire : 18 élèves reçus (3ᵉ année du cours normal), sur 19 présentés.

Brevet supérieur : 19 élèves reçus (2ᵉ année de l'école normale), dont 18 à la session de juillet et 1 à la session d'octobre, sur 24 présentés.

Certificat de fin d'études normales: 10 élèves admis sur 14 que comptait la promotion de 3ᵉ année.

Certificat d'aptitude pédagogique: 9 élèves reçus (2 de l'école normale et 7 de la section spéciale).

Certificat d'aptitude à l'enseignement de l'arabe parlé dans les écoles primaires élémentaires : 7 élèves reçus (3ᵉ année de l'école normale) sur 7 présentés.

Certificat d'aptitude à l'enseignement de l'agriculture dans les écoles primaires supérieures : 3 élèves reçus.

Miliana :

Brevet supérieur: 14 élèves-maîtresses reçues, dont 12 à la session de juillet et 2 à la session d'octobre) sur 14 présentées.

Certificat de fin d'études normales : 12 élèves-maîtresses reçues sur 14 que comptait la promotion de troisième année.

Certificat d'aptitude à l'enseignement de l'arabe parlé dans les écoles primaires élémentaires : 9 admises sur 12 présentées.

Constantine (garçons) :

Brevet supérieur : 13 élèves reçus (dont 12 à la session de juillet et 1 à la session d'octobre), sur 15 présentés.

Certificat de fin d'études normales: 12 reçus sur 18.

Certificat d'aptitude pédagogique : 6 admissibles sur 7 présentés.

Certificat d'aptitude à l'enseignement de l'arabe parlé dans les écoles élémentaires : 5 admis sur 8 présentés.

Certificat d'aptitude à l'enseignement de la gymnastique: 6 reçus sur 6 présentés.

Oran :

Brevet supérieur: 20 élèves-maîtresses admises (18 à la session de juillet et 2 en octobre) sur 20 présentées.

Certificat de fin d'études normales : 9 élèves admises sur 9 présentées.

Certificat d'aptitude à l'enseignement de l'arabe parlé dans les écoles primaires élémentaires: 5 reçues sur 5 présentées.

Recrutement des écoles normales en 1908. — Le nombre des candidats au concours d'admission aux écoles normales de garçons a été le même, à deux unités près, que celui de l'an dernier: 106 en 1908 contre 104 en 1907. 20 seulement ont été classés en rang utile pour être nommés élèves-maîtres; mais à la suite de trois démissions et de l'échec de deux d'entre eux aux examens du brevet élémentaire à la session d'octobre, il a fallu recourir à 22 aspirants de la métropole pour terminer le recrutement.

A Alger, 85 candidats se sont présentés pour 25 places d'élèves-maîtres à Bouzaréa. 15 ont été admis définitivement et il a fallu faire appel à 10 candidats inscrits sur les listes supplémentaires d'admissibilité aux écoles normales de la métropole pour combler les vides.

De même pour l'école normale d'instituteurs de Constantine l'administration n'a pu nommer que 9 élèves-maîtres de première année parmi les 21 candidats du département. La promotion étant de 21 élèves, il a fallu faire venir 12 aspirants de la métropole.

Le recrutement des écoles normales d'institutrices a pu se faire sur place au moyen des aspirantes de la colonie. 209 avaient pris part au concours d'admission (75 de plus qu'en 1907) pour 70 places d'élèves-maîtresses à pourvoir.

Pour 25 places à l'école normale d'institutrices de Miliana nous disposions de 60 aspirantes.

A Constantine : 59 aspirantes se sont présentées pour 25 places d'élèves-maîtresses de première année.

A Oran, nous avions 84 aspirantes pour 20 places. Le choix a été facile puisque l'avis général de la commission est que toutes étaient bien préparées à subir les épreuves du concours.

IV. — Enseignement primaire supérieur

Les écoles primaires supérieures de l'Algérie n'ont pas dépassé le nombre de cinq pendant l'année scolaire 1907-1908 : trois de garçons (Boufarik, Constantine, Sidi-bel-Abbès) et deux de filles (Blida et Constantine).

L'école primaire supérieure de Boufarik a reçu 139 élèves dont 94 internes, soit 13 élèves de plus que l'an dernier. La situation de cet établissement est très satisfaisante à tous les points de vue.

Une section agricole y est organisée depuis l'année dernière : l'enseignement théorique et pratique y est donné dans les meilleures conditions.

L'école primaire supérieure de Blida est la plus peuplée de toute l'Algérie. Elle a compté en 1907-1908, 175 élèves, dont 95 internes, soit une augmentation de 32 élèves par rapport à l'année précédente. Les résultats obtenus dans cette école sont satisfaisants. L'éducation pratique qui convient aux jeunes filles est l'objet d'une organisation spéciale. Une des maîtresses de l'établissement est particulièrement chargée de toute l'éducation ménagère des élèves (économie domestique, coupe et couture, cuisine et repassage, hygiène de l'enfance, etc...).

Les deux écoles primaires supérieures de Constantine ont reçu cette année 128 garçons et 143 filles; elles avaient reçu l'an dernier, 103 garçons et 124 filles. Mais la prospérité de ces deux écoles est entravée par l'insuffisance des locaux. Il y aurait nécessité impérieuse d'installer plus confortablement ces établissements. La municipalité a projeté de construire un local pour l'une des écoles sur un autre point de la ville et d'affecter à l'autre école tout l'immeuble actuellement occupé par les deux établissements.

Il faut espérer que ce projet aboutira prochaine-
ment.

L'école primaire supérieure de Sidi-bel-Abbès a
compté cette année 89 élèves, soit 22 de plus que l'an
dernier. Ce seul résultat prouve la bonne marche de
l'école. Grâce à l'influence du directeur, la section
agricole qui avait une tendance à disparaître, semble
devoir se reformer.

Dans toutes les écoles primaires supérieures les
études sont bien ordonnées, bien dirigées et chacune
donne, avec ses caractères particuliers, des résultats
très satisfaisants. Si l'éducation générale fait l'objet
des préoccupations de tout le personnel, un caractère
essentiellement pratique est donné à l'enseignement
de chacune des matières des programmes.

Le tableau ci-après fait connaître la répartition des
élèves de chaque école par nationalité et les succès
obtenus aux divers examens et concours en 1908 :

ÉCOLES PRIMAIRES SUPÉRIEURES

Année scolaire 1907-1908

I

ÉCOLES	NOMBRE D'ÉLÈVES								TOTAL
	Garçons				Filles				
	Français	Israélites	Étrangers	Indigènes	Françaises	Israélites	Étrangères	Indigènes	
Boufarik	129	3	6	1	»	»	»	»	139
Constantine (garçons)....	108	19	1	»	»	»	»	»	128
Sidi-bel-Abbès	70	4	14	1	»	»	»	»	89
Blida	»	»	»	»	162	10	3	»	175
Constantine (filles)......	»	»	»	»	124	18	1	»	143
Total......									674

EXAMENS ET CONCOURS	GARÇONS		FILLES	
	Présentés	Reçus	Présentées	Reçues
Brevet supérieur......................	»	»	14	9
Brevet élémentaire...................	71	48	56	37
Certificats d'études primaires supres	45	20	27	18
Bourses d'enseignement secondaire	1	1	»	»
Bourses d'enseignement primaire supérieur..................	31	12	34	14
Concours d'admission aux écoles normales	11	14	30	32
Concours d'admission aux écoles de commerce.....................	1	1	»	»
Concours d'admission aux écoles d'arts et mé iers....................	2	1	»	»
Concours d'admission aux postes et télégraphes	8	6	»	»
École d'apprentissage de Dellys....	11	5	»	»
Auxiliariat médical indigène.......	1	1	»	»

Les écoles primaires supérieures, avec leur caractère éducatif et scientifique d'une part et, d'autre part, avec leurs sections diverses pouvant s'adapter aux besoins des différentes régions, conviennent bien à l'Algérie, où les familles recherchent pour leurs fils et surtout pour leurs filles une instruction plus complète en même temps que des notions pratiques pouvant être utilisées dans la vie de chaque jour.

Les élèves de ces écoles sont presque tous des enfants des classes laborieuses qui auront besoin de bonne heure de se suffire par le travail et le plus souvent par le travail manuel. Les enseignements qu'ils reçoivent ne détournent pas leur esprit de la poursuite d'une profession et les préparent à devenir des auxiliaires intelligents et précieux pour les industriels, les commerçants et les agriculteurs qui les emploieront.

Aussi les délégations financières ont-elles reconnu l'utilité de ces établissements en votant la création, en 5 ans, à partir de 1908, de 25 écoles primaires supérieures en Algérie.

12 sont déjà créées. Ce sont :

Alger (garçons) ; Alger (filles) ; Miliana (garçons) ; Miliana (filles) ; Philippeville (filles) ; Guelma (garçons) ; Batna (garçons) ; Oran (garçons) ; Oran (filles) ; Mostaganem (garçons) ; Mostaganem (filles) ; Sidi-bel-Abbès (filles).

L'école primaire supérieure de garçons de Mostaganem, annexée au collège de cette ville, a été ouverte le 1er octobre 1908.

D'autres écoles sont projetées à Tizi-Ouzou (garçons), à Maison-Carrée (garçons), à Médéa (filles), à Orléansville (garçons), à Bouïra (filles), à Tlemcen (filles).

*

En dehors des 5 écoles primaires supérieures, il existe 22 cours complémentaires annexés aux écoles primaires élémentaires, 12 pour les garçons et 10 pour les filles.

Ces cours ont été fréquentés en 1907-1908 par 331 garçons et 283 filles.

Mais ces cours ne peuvent que donner un complément d'instruction générale, ils ne sont pas outillés pour donner l'enseignement pratique que recherchent les familles pour leurs enfants et qu'elles ne peuvent trouver qu'à l'école primaire supérieure.

Notre administration favorise néanmoins la création de ces cours qui assureront le recrutement des futures écoles primaires supérieures.

V. — Enseignement primaire des européens

Élèves. — Les états de situation de l'année scolaire 1907-1908 donnent les résultats suivants en ce qui concerne la fréquentation des écoles primaires publiques et privées par les enfants français, israélites et européens :

	Écoles publiques	Écoles privées	Total
Français	59.162	10.920	70.082
Israélites	16.864	362	17.226
Européens	37.564	5.290	42.854
	113.590	16.572	130.162

Par rapport à l'année dernière, l'augmentation est de 2,071 élèves.

Mais il reste encore à assurer l'instruction d'un nombre assez considérable d'enfants puisque, après avis favorable des conseils municipaux intéressés, les conseils départementaux ont déjà décidé la création de 170 classes nouvelles; de plus l'administration a reconnu la nécessité de poursuivre l'installation de 59 autres classes pour recevoir les enfants qui ne trouvent pas de places dans les écoles existantes ou pour suivre l'augmentation incessante de la population.

Il convient donc de prévoir dans un délai assez rapproché le fonctionnement de 229 classes nouvelles sans compter les 152 classes publiques destinées à recevoir les enfants des écoles congréganistes dont la fermeture doit être prononcée avant la fin de l'année 1914 par application de la loi du 17 juillet 1904.

En 1903, l'administration académique avait pensé qu'il suffisait de créer 113 classes nouvelles par an, pendant 5 ans, pour faire face à tous les besoins. L'exposé précédent montre que ces prévisions étaient insuffisantes.

Afin de permettre aux assemblées algériennes d'examiner utilement la question, un nouveau programme a été élaboré; il sera soumis à ces assemblées à leur prochaine session.

Écoles. — Le nombre des écoles publiques d'européens a été de 1.058, savoir :

326 écoles de garçons.

337 écoles de filles.

311 écoles mixtes.

84 écoles maternelles.

Comprenant 2,396 classes.

L'augmentation par rapport à l'année précédente est de 20 écoles et de 107 classes.

Pendant la même période, il y a eu 143 écoles privées d'européens avec 471 classes, soit, par comparaison avec l'année dernière, 14 écoles et 30 classes en moins.

Les créations et suppressions d'emplois pendant l'année scolaire 1907-1908 sont indiquées en détail ci-après :

Département d'Alger

Une école mixte à Liébert (Téniet-el-Haâd m.) ;

Une 3ᵉ classe à l'école de filles de Tizi-Ouzou ;

Une 2ᵉ classe à l'école maternelle de Tizi-Ouzou ;

Une classe enfantine à Haussonvillers ;

Une classe enfantine à Rouïna ;

Une classe enfantine à Tipaza ;

Une 3ᵉ et une 4ᵉ classe à l'école de filles de Koléa ;

Une 3ᵉ classe à l'école maternelle de Koléa ;

Une école de garçons à Douaouda (Koléa) ;

Une école mixte au Plateau (Ouled Fayet) ;

Une 5ᵉ classe à l'école de garçons d'El-Biar ;

Une 9ᵉ classe à l'école de garçons de la Cité Bugeaud place Lelièvre, à Alger ;

Une 7ᵉ classe à l'école de filles de la rue de Suez, à Alger ;

Une 4ᵉ, une 5ᵉ et une 6ᵉ classe à l'école de filles de la rue Barnave, à Alger ;

Une 4ᵉ classe à l'école de filles d'Alger (rue Dupuch) ;

Une 3ᵉ classe à l'école mixte des Tagarins, à Alger ;

Une 6ᵉ et une 7ᵉ classe à l'école de filles de Maison-Carrée ;

Une 3ᵉ classe à l'école maternelle de Maison-Carrée ;

Une 5e classe à l'école de garçons de Marengo ;

Une 6e classe à l'école de garçons du Hamma (Alger) ;

Une 7e, une 8e et une 9e classe à l'école de garçons de la rue Boutin, à Alger ;

Une école mixte à Guelt-el-Zerga (Aumale) ;

Une école mixte à Issers (Isserville) ;

Une 2e classe d'européens à l'école annexe de Bouzaréa ;

Une 4e classe à l'école de filles de Douéra ;

Une école mixte à Chellala ;

Une 4e classe à l'école de filles de Miliana ;

Une 6e classe à l'école de garçons de la rue Rochambeau, à Alger ;

Une 6e classe à l'école de filles de la rue Weimbrenner, à Alger ;

Une 3e classe à l'école de filles du Ruisseau, Alger ;

Une école mixte à Bourlier (Téniet-el-Haâd) ;

Une 2e classe à l'école de garçons d'Aïn-Taya ;

Une 3e classe à l'école de filles de Bordj-Menaïel ;

Une 6e classe à l'école de garçons de la rue Pavy, à Blida ;

Une école maternelle au quartier Belfort, à Maison-Carrée ;

Département d'Oran

Une 5e classe à l'école de filles de Tiaret ;

Une 5e classe à l'école maternelle de Mascara ;

Une classe enfantine annexée à l'école maternelle de Mascara ;

Une 2e classe à l'école de garçons d'El-Ançor ;

Une 3e classe à l'école de filles d'El-Ançor ;

Une 3e classe à l'école de garçons de Bedeau ;

Une 3e classe à l'école de filles de Bedeau ;

Une classe enfantine à l'école de filles de Tirman ;

Une 5e et une 6e classe à l'école de garçons du faubourg Beymouth, à Mostaganem ;

Une classe enfantine à l'école de filles Parmentier (La Mekerra).

Une 5e classe à l'école de garçons de Lalla-Marnia;

Une 7e et une 8e classe à l'école de filles de Saint-Denis-du-Sig ;

Une 9e classe à l'école de garçons de Perrégaux ;

Une 7e classe à l'école de filles de Perrégaux;

Une 4e classe à l'école de filles de Nemours ;

Une 2e classe à l'école de garçons de Trézel ;

Une classe enfantine à l'école de filles de Mécherin;

Une école maternelle à 3 classes à Rio-Salado ;

Une école de filles à 1 classe à Montgolfier ;

Une école de garçons à 1 classe à Montgolfier ;

Une 9e et une 10e classe à l'école de garçons Saint-André, à Oran ;

Une classe enfantine à l'école maternelle de Mers-el-Kébir ;

Une 8e et une 9e classes à l'école de filles Saint-André, à Oran ;

Une 11e classe à l'école de filles de Mascara ;

Une 7e classe à l'école de garçons d'Eckmuhl, à Oran ;

Une 6e classe à l'école de filles d'Eckmuhl, à Oran.

Une 3e classe à l'école de filles d'Aïn-el-Arba ;

Une 1e classe à l'école de filles de Saint-Cloud ;

Une 3e classe à l'école maternelle de Saint-Cloud ;

Une 5e classe à l'école de garçons de Saint-Cloud ;

Une école mixte de 1 classe à El-Ousseukh (Djebel-Nador) ;

Une 3e et une 4e classe à l'école de garçons du faubourg Delmonte, à Oran ;

Une 3e et une 4e classe à l'école de filles du faubourg Delmonte, à Oran ;

Une 3e classe à l'école de filles d'Er-Rahel ;

Une classe enfantine à l'école de filles de St-Leu ;

Une classe enfantine à l'école mixte d'Uzès-le-Duc (Cacherou) ;

Une école de garçons à Prévost-Paradol (centre agricole) ;

Une école de garçons à Aoubellil (Aïn-Temouchent) ;

Une 4e classe à l'école de filles de Lalla-Marnia;

Une école de garçons à Mangin.

Département de Constantine

Une école mixte à Catinat (El-Milia m.) ;

Une école de garçons à Bernelle (Bélezma M.) ;

Une école de garçons à Corneille (Bélezma M.) ;

Une école de garçons à 2 classes au faubourg d'El-Kantara (Constantine) ;

Une école de filles à M'sila ;

Une école mixte à Béhagle (Rhira M.) ;

Une école de filles à Colbert (Rhira M.) ;

Une école de filles à 5 classes, place du Marché, à Bône ;

Une école mixte à Gambetta (Souk-Ahras) ;

Une 6e classe à l'école de garçons de La Calle;

Une classe enfantine au Tarf;

Une 8e classe à l'école de garçons de la rue d'Armandy, à Bône ;

Une 2e classe à l'école de filles d'An-M'lila ;

Une 6e classe à l'école de garçons de la rue Sauzai, à Constantine ;

Une 4e classe à l'école publique de filles du faubourg El-Kantara, à Constantine.

ÉCOLES SUPPRIMÉES

L'école mixte d'Aïn-Melouk (Chateaudun m.) et l'école primaire annexée à l'école normale d'instituteurs de Constantine ont été supprimées.

ÉCOLES PRIVÉES

Par arrêtés ministériels du 17 juin et du 17 juillet 1908 pris en exécution de la loi du 7 juillet 1904, la fermeture des écoles privées congréganistes suivantes a été prescrite à dater du 1er septembre 1908 :

Département d'Alger

Frères des écoles chrétiennes, de Paris, à Alger (Casbah) ;

Frères des écoles chrétiennes, de Paris, à Alger, rue du Divan ;

Frères des écoles chrétiennes, de Paris, à Alger, rue Bab-el-Oued ;

Sœurs trinitaires de Valence (Drôme) à Alger (Casbah), école de filles ;

Sœurs de la doctrine chrétienne de Nancy, à Castiglione ;

Sœurs de la doctrine chrétienne de Nancy, à Chéragas, école de filles ;

Sœurs de Saint-Joseph des Vans (Ardèche), à Staouéli.

Missionnaires dits Pères Blancs d'Afrique, aux Attafs ;

Filles de la charité de St-Vincent-de-Paul, de Paris, à Alger, Mustapha-Supérieur ;

Filles de la charité de St-Vincent-de-Paul, de Paris, à Marengo ;

Filles de la charité de St-Vincent-de-Paul, de Paris, à Lodi ;

Sœurs de la doctrine chrétienne, de Nancy, à Blida.

Sœurs de St-Vincent des Vans (Ardèche), à Guyotville ;

Filles du sacré-cœur de Paris, à Mustapha-Supérieur.

Département de Constantine

Sœurs de la doctrine chrétienne de Nancy, à Guelma ;

Sœurs de la doctrine chrétienne de Nancy, à Souk-Ahras ;

Sœurs de la doctrine chrétienne de Nancy, à Sétif ;

Sœurs de la doctrine chrétienne de Nancy, à Philippeville ;

Département d'Oran

Sœurs trinitaires de Valence, à Mostaganem ;

Sœurs trinitaires de Valence, à Arzew ;

Sœurs trinitaires de Valence, à Mascara ;

Sœurs trinitaires de Valence, à Relizane ;

Sœurs trinitaires de Valence, à Misserghin ;

M. le Ministre a décidé ensuite de surseoir jusqu'au 1er septembre 1909 à la fermeture des écoles congréganistes de Sétif, Philippeville, Alger (Sacré-Cœur) et Alger (Mustapha-Supérieur), en ce qui concerne l'internat seulement.

COURS COMPLÉMENTAIRES DE L'ÉCOLE

En dehors de leur classe, un très grand nombre d'instituteurs consacrent une partie de leur temps aux œuvres complémentaires de l'école.

La statistique de ces œuvres pour 1907-1908 présente les résultats suivants :

Nombre de cours d'adultes :

Hommes	320
Femmes	171

Nombre de fonctionnaires qui les ont tenus :

Instituteurs	548
Institutrices	358

Nombre d'auditeurs inscrits :

Hommes	13.395
Femmes	2.850

Moyenne des auditeurs présents :

Hommes	9.198
Femmes	2.247

Nombre de conférences populaires: 1.021

Nombre d'associations d'anciens élèves :

    Garçons 0

    Filles 13

Nombre de sociétés d'instruction populaire : 35.

Nombre d'universités populaires : 5.

Nombre de mutualités scolaires : 55.

Nombre de sociétaires :

    Garçons 6.517

    Filles 5.898

Nombre de bibliothèques scolaires : 837.

Nombre d'ouvrages qu'elles contiennent : 140.240.

Nombre de prêts en 1907-1908 : 127.042.

Nombre de caisses des écoles : 68.

    Recettes de l'exercice 1907.... 82.450 50

    Dépenses 55.498 67

                         ——————————

    Reste en caisse...... 26.051 83

Nombre de caisses d'épargne scolaires : 399.

Nombre de livrets : 8.087.

Sommes portées sur ces livrets : 220.703.50.

Nombre de bibliothèques pédagogiques : 32.

Volumes qu'elles contiennent : 15.783.

Il existe encore des sociétés diverses telles que sociétés de tir, de gymnastique, protectrices des animaux et des plantes, de tempérance, etc.

Toutes ces associations, prolongeant l'action de l'école, poursuivent le même but : assurer à tous les connaissances qui sont nécessaires ; contribuer à l'élévation du niveau de la moralité publique et à l'amélioration matérielle des classes nombreuses qui vivent de leur travail.

VI. — Enseignement primaire des indigènes

33.328 enfants musulmans ont fréquenté les écoles primaires publiques en 1907-1908, dont 30.661 garçons et 2.667 filles. L'augmentation est de 1.238 par rapport à l'année précédente.

Le nombre des écoles spéciales aux indigènes était au mois de juillet 1908 de 283 et celui des classes de 606, soit une augmentation de 11 écoles et de 31 classes.

Il existe 13 écoles privées indigènes dirigées par des européens recevant 651 enfants musulmans.

Les écoles et classes ouvertes pendant l'année scolaire 1907-1908 sont les suivantes :

Département d'Alger

Une 2ᵉ classe à l'école de filles indigènes de Chellala.

Une école de teinturerie à Alger.

Une classe d'indigènes annexée à l'école d'européens d'Oued-el-Alleug.

Une 8ᵉ classe à l'école d'indigènes de garçons de la rue Montpensier à Alger.

Une classe annexée à Bouïra.

Une 5ᵉ classe à Ghardaïa.

Une école élémentaire à une classe à Beauprêle (Dra-el-Mizan).

Une école élémentaire à deux classes à Ifigha (Haut-Sebaou).

Une classe d'indigènes annexée à l'école d'européens de Mouzaïaville.

Une école élémentaire à 2 classes à Zougala (Milliana).

Une classe annexée à l'école d'européens de Tentel-el-Hadd.

Département de Constantine

Une école élémentaire à une classe à Gounaya (Morsott m.).

Une école à 2 classes à Melouza (M'sila).

Une école élémentaire à une classe à Djoua (Oued-Marsa m.).

Une école élémentaire à deux classes à Guemar (Touggourt I.).

Une école-ouvroir à Djebala (El-Milia m.).

Une école-ouvroir à Ouargla ;

Une 2e classe à Aïn-Khiar (La Calle M.).

Une 3e classe à l'école de filles indigènes de Constantine.

Une 2e classe annexée à l'école d'européens de Guelma.

Une 2e classe à l'école d'El-Akbia (El-Milia m.).

Un cours d'apprentissage à Aïn-Beïda.

Deux classes annexées à l'école d'européens d'Aïn-Beïda.

Département d'Oran

Une école préparatoire à Taourira (Tenira).

Une 3e classe à l'école de garçons de Frenda.

Une école préparatoire aux Ouled-Chafa (La Mina m.).

Une école préparatoire à Boudjebaâ (La Mekerra m.).

Une 2e classe à l'école de filles indigènes de Mostaganem.

Une 3e classe à l'école de garçons de Saïda.

Une classe annexée à l'école d'européens de Bedeau.

Une classe annexée à l'école d'européens d'Inkermann.

Une école préparatoire à Boukourdan (Beni-Saf).

Une classe à l'école de filles indigènes d'Oran.

Les emplois suivants ont cessé de fonctionner :

Ouled-Djelida, 1 classe ; El-Ousseukh, 1 classe ; El-Main, 4 classes.

L'école de garçons à une classe de Ouargla a été rattachée au département de Constantine.

Comme nous l'avons indiqué plus haut, 139.162 enfants européens fréquentent les écoles publiques et privées sur une population totale de 674.030 habitants. Pour 4.016,044 indigènes, nous ne comptons dans les écoles publiques et privées que 33.979 enfants musulmans. Le simple rapprochement de ces chiffres suffit à indiquer les sacrifices qu'exigera encore l'instruction de nos sujets musulmans.

Afin d'arriver progressivement à ce résultat, le gouvernement général de l'Algérie, d'accord avec les assemblées financières algériennes, avec le gouvernement métropolitain et la chambre des députés, a décidé d'ouvrir chaque année, en plus des 22 emplois des années précédentes, 60 écoles nouvelles.

Ces écoles seront confiées à des moniteurs dont le traitement de début est fixé à 600 francs. On s'efforcera de réduire les dépenses d'installation au minimum indispensable.

Ces nouveaux moniteurs, pourvus du certificat d'études primaires élémentaires, recevront pendant un an une préparation professionnelle sous la direction immédiate des meilleurs instituteurs des écoles d'indigènes. Ils donneront dans leurs écoles un enseignement très élémentaire et insisteront surtout sur les exercices oraux de langue française et de calcul et sur les connaissances usuelles ; les exercices écrits n'occuperont qu'une place tout à fait restreinte. On les préparera à contribuer aux améliorations agricoles ou professionnelles de la région dans laquelle ils seront appelés à exercer en les faisant participer, pendant la durée de leur stage, aux divers exercices d'agriculture et de travail manuel de l'établissement auquel ils sont attachés.

L'administration académique se propose d'ailleurs, suivant le désir exprimé par les délégations financières, d'examiner les modifications à apporter aux programmes de l'enseignement des européens et de l'enseignement des indigènes pour les mieux adapter aux besoins locaux.

J'espère pouvoir exposer dans mon prochain rapport les mesures qui auront été prises à ce sujet.

Mais je ne crois pas, pour le moment, devoir m'étendre davantage sur les diverses questions intéressant l'enseignement primaire. Il s'agit, en effet, de la situation de cet enseignement pendant l'année scolaire 1907-1908. Or, je n'ai pris la direction de l'académie d'Alger qu'au mois de novembre 1908.

Le Recteur,

ARDAILLON.